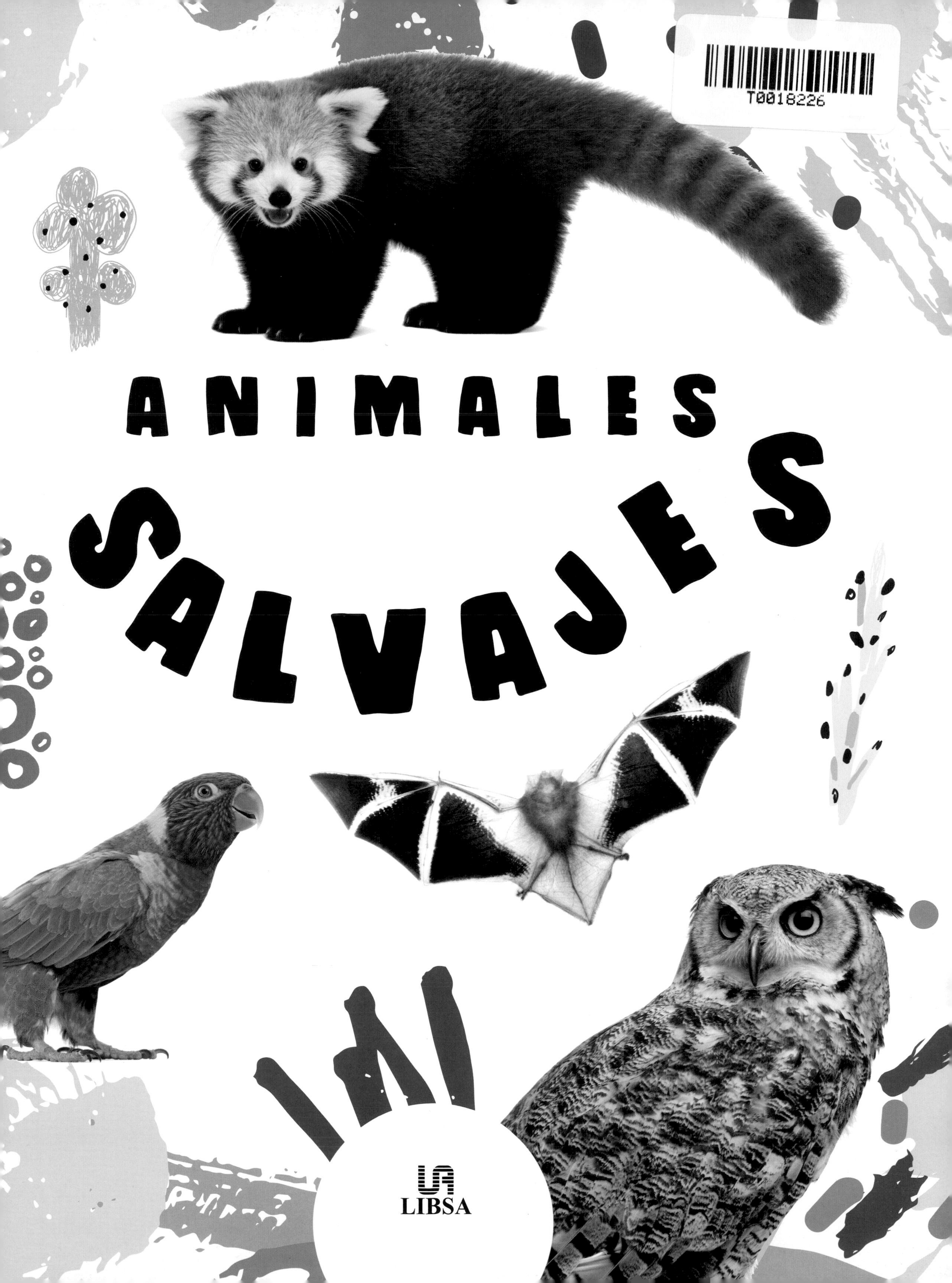

ANIMALES SALVAJES

LIBSA

CONTENIDO

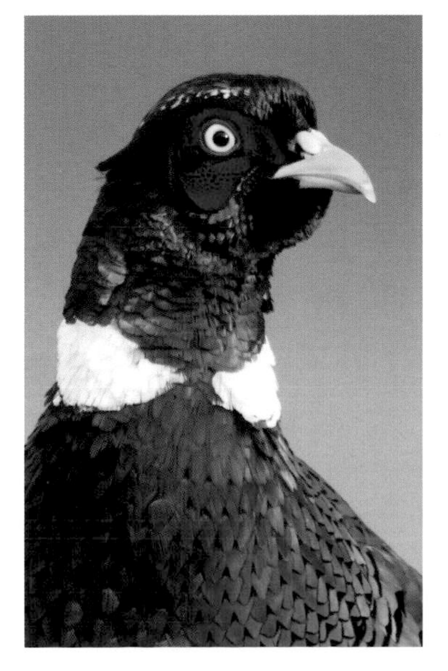

AVES

EL REINO

En el mundo hay más de 8 millones de especies de animales, plantas, hongos, bacterias y otros tipos de seres vivos. ¡Es imposible ponerlas en un solo libro! Están por todas partes, desde la montaña hasta la playa, tanto en los polos, como en los desiertos. También hay seres vivos en los ríos y en los mares. ¡Incluso dentro de las cuevas! Muchas personas estudian los seres vivos para conocerlos mejor, y todas las semanas aparecen nuevas especies.

En este libro vamos a hablarte de animales salvajes, centrándonos en los mamíferos y en las aves. Descubrirás un amplio catálogo de un gran número de especies diferentes! Así que juntos, recorreremos gran parte del reino animal.

¿TE ATREVES A RECONOCERLOS A TODOS?

Ponte a prueba leyendo y contestando a las preguntas que encontrarás en cada tema y descubre la solución al final del libro.

- **Lee atentamente, despliega toda tu agudeza e interpreta lo que dice el texto antes de responder.**
- **Siempre encontrarás una pista que te ayudará a descubrir el animal secreto.**

ANIMAL

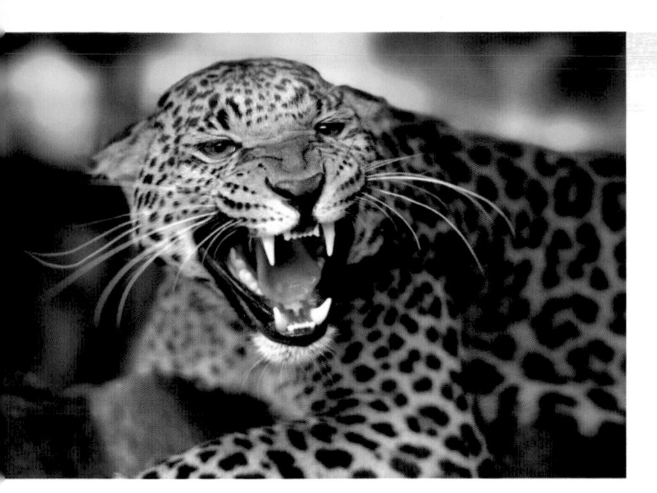

LOS MAMÍFEROS

Los mamíferos son un grupo de animales del que existen más de 5 000 especies. Se caracterizan por:

- Tener **pelo**, que les sirve para mantener la temperatura del cuerpo. Aunque existen mamíferos que no tienen un grueso pelaje, por ejemplo, los hipopótamos, los elefantes y los rinocerontes.
- Presentar **mamas**, que utilizan para alimentar con leche a sus crías.
- Tener **todos los tamaños**, desde los enormes elefantes hasta las pequeñas musarañas.
- Vivir en **todos los hábitats**. Algunas especies como los camellos viven en el desierto. Mientras que otras, como el oso polar, viven en los polos. Además de dominar la tierra, también están los murciélagos, capaces de volar. En cambio, otros mamíferos son expertos nadadores o viven solo en el agua, como los delfines y ballenas.

LAS AVES

En el grupo de las aves existen más de 18 000 especies. Estos animales dominan los cielos de muchos lugares de la Tierra. Se diferencian del resto de animales porque:

- Tienen **plumas** que, además de ayudarles a volar, les sirven para mantener la temperatura de sus cuerpos. Gracias a las plumas, también se pueden camuflar en el bosque o buscar pareja, si son de colores llamativos.
- Las crías de las aves **nacen de huevos**. Desde que eclosionan son alimentadas por sus padres, hasta que pueden volar por ellas solas.
- Algunas son **enormes**, como el cóndor andino, y otras tan **pequeñas** que caben en nuestra mano. Algunas, como el alcatraz común, nadan bajo el agua para encontrar comida y hay otras especies que viven principalmente en tierra, como el pavo real.

CAZADORES

¡CHSS!

Los felinos son una familia de mamíferos que comen sobre todo carne. Están equipados con garras, una vista excelente y un oído agudo que les ayuda a conseguir su alimento.

GUEPARDO

Acinonyx jubatus

África

Es un felino que vive en solitario o acompañado de sus crías. Cuando persigue una presa, puede correr ¡tan rápido como un coche!, ¿lo sabías?

CARACAL

Caracal caracal

África, oeste asiático

Sus grandes orejas, con sus llamativos penachos negros, le ayudan a cazar de noche.

LINCE BOREAL

Lynx lynx

Norte de Europa, Asia

Es el lince de mayor tamaño. Cuando un ave escapa volando, puede atraparla saltando más de 2 m de altura.

PUMA

Felis concolor

Desde Canadá hasta la Patagonia

Otro de sus nombres es «león de montaña». Para sorprender a sus presas, consigue saltar hasta una distancia de 13 m.

LEÓN

Panthera leo

África subsahariana, India

Caza en grupos compuestos por las hembras de la manada.

AL ACECHO

TIGRE DE SUMATRA

Panthera tigris tigris

Indonesia

Es el tigre más pequeño que existe, y gracias a su tamaño se puede mover con mucha facilidad por la jungla.

LEOPARDO

Panthera pardus

África, Arabia, sur de Asia

Cuando consigue cazar una presa, lo primero que hace es subirla a un árbol para evitar que leones, hienas o tigres puedan robársela.

TIGRE SIBERIANO

Panthera tigris virgata

Sureste de Rusia

Además de ser uno de los tigres más grandes que existen, es uno de los felinos más grandes del mundo. Los machos miden más de 2 m de longitud y llegan a pesar 200 kg.

¿CUÁL DE ESTOS FELINOS GANARÍA EN UNA CARRERA?

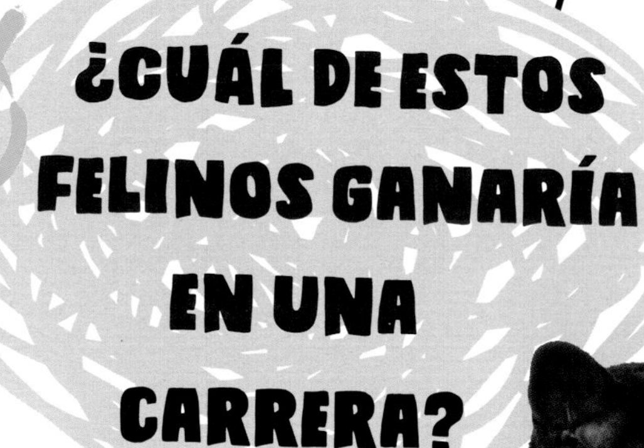

JAGUAR NEGRO

Panthera onca

Desde Nuevo México Estados Unidos hasta la Patagonia

Tiene el mordisco más poderoso de todos los felinos. ¡Es capaz de atravesar un cráneo con sus dientes! Caza tortugas e incluso caimanes.

GRANDES ¡ÑAM!

Viven en las sabanas o las selvas, donde comen todo tipo de plantas. Son tan grandes que solo los depredadores como los leones se atreven a cazarlos. Cuando crecen, nadie los atacará.

ELEFANTE AFRICANO

Loxodonta africana

Centro, sur y este de África

Es el animal terrestre más grande que existe. Los machos pueden medir casi 4 m y pesar más de 10 toneladas.

HIPOPÓTAMO PIGMEO

Hexaprotodon liberiensis

Oeste de África, sobre todo Liberia

Vive en el bosque. No llega a medir 1 m de altura y pesar más de 275 kg

HIPOPÓTAMO COMÚN

Hippopotamus amphibious

Región subsahariana, Tanzania, Zambia, Mozambique

Pasa la mayor parte del tiempo en el agua. Para defenderse, usa sus colmillos de ¡más de 20 cm de longitud!

CEBRA

Equus quagga

Este y sur África

Sus rayas son únicas. No hay dos cebras que tengan el mismo dibujo. Este pelaje les ayuda a que no les piquen los tábanos.

ELEFANTE ASIÁTICO

Elephas maximus maximus

Sri Lanka

A diferencia del elefante africano, no tiene colmillos tan largos o incluso no le crecen. Sus orejas también son más pequeñas.

VEGETARIANOS

RINOCERONTE BLANCO

Ceratotherium simum

Sur de África

Su cuerno no está hecho de hueso. Está compuesto de queratina, del mismo material que nuestras uñas o el pelo.

OKAPI

Okapia johnstoni

Norte de la República Democrática del Congo

Recuerda a una cebra, pero es familia de las jirafas. Vive escondido en la frondosa selva.

¿CUÁL ES EL ÚNICO QUE NO VIVE EN ÁFRICA?

JIRAFA

Giraffa camelopardalis

Centro, este y sur de África

George fue la jirafa más alta de la que se tiene noticia. Era un macho que vivió en Kenia en el año 1960. ¡Medía 6 m de altura!

¡NO SE CANSAN INFATIGABLES

Los cánidos son una familia de mamíferos carnívoros. Tienen hocicos largos y finos, además de orejas puntiagudas. En manada o en solitario, persiguen a sus presas hasta capturarlas. Las hienas, aunque son muy parecidas, son animales de otra familia.

LOBO DE CRIN

Chrysocyon brachyurus

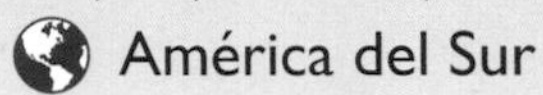

América del Sur

Es un animal solitario que sale a cazar cuando el Sol se está poniendo. Además de pequeños animales, come frutas y raíces.

COYOTE

Canis latrans

Desde el norte de Alaska (Estados Unidos) hasta Costa Rica

Vive solo o en pareja. Se alimenta de pequeños mamíferos como ratones o conejos. También puede comer fruta y verduras.

LOBO ÁRTICO

Canis lupus arctos

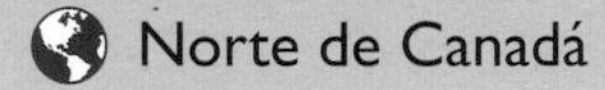

Norte de Canadá

Cuando nace es de color gris. De adulto, se vuelve todo blanco para camuflarse en la nieve. ¡Así puede cazar sin ser visto!

ZORRO COMÚN

Vulpes vulpes

Europa, Asia, América, África

No le gusta llamar la atención. Es cauteloso y silencioso. Sale a cazar por la noche y durante el día permanece oculto en su madriguera.

NUNCA!

LICAÓN

Lycaon pictus

Desde el Sáhara hasta Sudáfrica

También es conocido como «perro salvaje africano». Es el mejor cazador del mundo, gracias a que sus manadas acogen a muchos individuos.

LOBO GRIS AMERICANO

Canis lupus baileyi

Sur de Estados Unidos y norte y centro de México

Es uno de los tipos de lobos más pequeños que existen. Desde 1976 se encuentra en peligro de extinción.

HIENA RAYADA

Hyaena hyaena

África, Eurasia, Arabia

Es una especie nocturna infatigable. Se alimenta de animales muertos o cazados por otros depredadores. ¡Se come hasta los huesos!

¿ADIVINAS CUÁL DE ELLOS TIENE LA FAMILIA MÁS NUMEROSA?

LOBO EUROPEO

Canis lupus lupus

Europa y Asia

Para vivir, necesita la compañía de su manada, compuesta de cinco a once animales. Los líderes son el padre y la madre de todos.

UNA ZARPA

¡ZAS!

Los osos pertenecen a una familia de mamíferos omnívoros, que son anima que comen todo tipo de alimento. Gracias a sus grandes zarpas, pueden cazar, pescar, abrir colmenas o constr madrigueras. ¡Qué completos!

OSO POLAR

Ursus maritimus

Ártico circumpolar

Es el único gran depredador del Ártico. Usa su excelente sentido del olfato para rastrear las focas que viven sobre el hielo.

¿CUÁL DE ESTOS OSOS AGUANTA MEJOR EL FRÍO?

OSO NEGRO ASIÁTICO

Ursus tibhetanus

Pakistán, Afganistán, cordillera de los Himalayas, Vietnam, sur de China, Tailandia

Está cubierto de pelo negro por todo su cuerpo. En el pecho tiene un dibujo con forma de V de color más claro. Come de todo, desde ratones y peces, hasta verduras y miel.

OSO PARDO

Ursus arctos

Norteamérica, Europa, Oriente Medio, Asia

Pasa el invierno durmiendo dentro de su madriguera y ¡durante esos meses no come!

GIGANTESCA

OSO KODIAK

Ursus arctos middendorffi

Islas del archipiélago de Kodiak (Alaska, Estados Unidos)

Junto con el oso polar, es uno de los carnívoros terrestres más grandes del mundo. Puede medir más de 2 m de largo y pesar 600 kg.

OSO MALAYO

Helarctos malayanus

Este de la cordillera del Himalaya, China, Indochina, Malasia

Se alimenta sobre todo de insectos. Tiene una gran lengua que usa para comer miel de las colmenas de abejas. ¡Puede llegar a medir más de 20 cm!

OSO PANDA

Ailuropoda melanoleuca

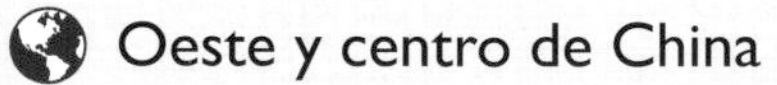

Oeste y centro de China

A diferencia de sus hermanos, es un animal herbívoro. Puede comer más de 30 kg de bambú al día. ¡Es su plato favorito! A veces también come insectos y huevos.

OSO PEREZOSO

Melursus ursinus

India, Sri Lanka, Bangladesh, Nepal

Está más activo por la noche. Usa sus fuertes zarpas para abrir los hormigueros y termiteros. ¡Le encantan los insectos!

OSO DE ANTEOJOS

Tremarctos ornatus

Sudamérica

Le encanta comer frutos, raíces, hojas, cortezas y setas. Suele hacerse una cama en lo alto de los árboles para descansar.

Las crías de los marsupiales no nacen desarrolladas por completo, como otros mamíferos. Por eso deben crecer dentro de la bolsa marsupial o marsupio de sus madres. Se encuentran en su mayoría en Australia.

KOALA

Phascolarctos cinereus

Australia

Se alimenta sobre todo de hojas de eucalipto. No le gusta moverse mucho y puede dormir hasta 20 horas al día.

WOMBAT

Vombatus ursinus

Australia

Es un animal solitario que construye su madriguera bajo tierra. Sale por la noche para alimentarse de hierba. Pasta como las vacas.

ZARIGÜEYA DE VIRGINIA

Didelphis virginiana

Desde Canadá hasta la Patagonia

Si se siente amenazada, se tumba de lado, con los ojos abiertos, la lengua fuera y emite un olor desagradable. ¡Finge que está muerta!

CANGURO ROJO

Macropus rufus

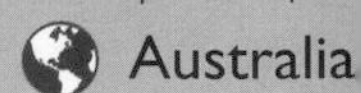
Australia

Es el marsupial más grande del mundo. Puede medir 1,6 m de longitud y pesar 90 kg. Vive en grupos liderados por un macho.

NA BOLSA

ETAURO DE AZÚCAR

etaurus breviceps

Nueva Guinea, Australia

'ive en los árboles. Tiene una nembrana de piel entre las patas que le permite saltar y planear de una rama a otra.

¿CUÁL DE ELLOS PODRÍA SALTAR DE UN EDIFICIO A OTRO?

CANGURO ARBORÍCOLA DE GOODFELLOW

Dendrolagus goodfellowi

Nueva Guinea

Es un animal que vive en los árboles. Gracias a sus patas y larga cola, se mueve de forma ágil entre las ramas. Sin embargo, en el suelo camina lento y torpe.

DEMONIO DE TASMANIA

Sarcophilus harrisii

Isla de Tasmania (Australia)

Es un animal carnívoro, que también puede comer carroña. A pesar de tener el tamaño de un perro pequeño, ¡defiende ferozmente su comida!

UALABÍ

Petrogale sp.

Australia (en parques nacionales)

No le gusta salir más allá de sus territorios, donde vive en pequeños grupos. Prefiere los lugares rocosos, con acantilados o cuevas para esconderse.

PEQUEMA OHHH...

Aunque son pequeños, muchos de ellos son buenos depredadores. Gracias a sus ágiles cuerpos, pueden moverse por el bosque sin ser vistos, cavar extensas madrigueras o incluso buscar alimento en el agua.

MAPACHE BOREAL

Procyon lotor

Desde Canadá hasta Panamá, centro de Europa, Asia central

Es un animal muy inteligente. Usa sus patas delanteras para buscar comida en la orilla de los ríos, ¡e incluso es capaz de alejarse de la naturaleza y rebuscar en la basura!

TEJÓN EUROPEO

Meles meles

Europa y Asia occidental

Se alimenta de insectos, otros pequeños animales, frutos y plantas. Pero lo que más le gustan son las abejas y la miel. Sale a buscar su comida por la noche.

SURICATO

Suricata suricatta

 **Sur de África**

Vive en grandes familias compuestas por hasta 40 animales. Bajo tierra, cava una gran red de túneles para construir su hogar.

TURÓN EUROPEO

Mustela putorius

Europa (excepto Irlanda y países escandinavos), Arizona (Estados Unidos)

Gracias a su cuerpo alargado y flexible, puede moverse rápido por el bosque y entrar en las madrigueras de los roedores.

MÍFEROS

VISÓN AMERICANO

Neovison vison

Florida (Estados Unidos)

Gracias a su pelo impermeable, es un animal semiacuático que puede cazar peces, cangrejos y ranas.

CERCOLETO

Potos flavus

Del sur de México a Brasil

Es un animal solitario. Le gusta comer fruta, insectos y huevos. Con su larga lengua puede alimentarse del néctar de las flores.

MANGOSTA RAYADA

Mungos mungo

Desde sur del Sáhara hasta Sudáfrica

Es un animal carnívoro que se alimenta de pequeños animales. Puede cazar serpientes porque es ¡inmune a su veneno!

¿A CUÁL DE ELLOS PODRÍAS ENCONTRAR EN UNA CIUDAD?

PANDA ROJO

Ailurus fulgens

India, Nepal, Bután, Myanmar, sur de China

No está relacionado con el panda ni con los osos. ¡Aunque también le encanta el bambú!

ACRÓBATAS ¡ARRIBA!

La familia de los primates es un extenso grupo de mamíferos. Algunos de ellos viven en las zonas tropicales de la Tierra. Allí se ocultan entre las copas de los árboles de las selvas y bosques de América, África y Asia.

TITÍ CABECIBLANCO

Saguinus Oedipus

Colombia

Destaca por su gran cresta de pelo blanco. Desde muy temprano por la mañana, pasa el día en los árboles buscando insectos y fruta.

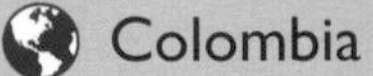

TITÍ PIGMEO

Callithrix pygmaea

Brasil, Ecuador, Colombia, Perú, norte de Bolivia

También se llama «mono de bolsillo». ¡Mide menos de 20 cm! Se alimenta de insectos, fruta y savia de los árboles.

CAPUCHINO DE CABEZA DURA

Sapajus apella

Brasil (Amazonas)

Es un animal diurno que vive la mayor parte del tiempo en los árboles. Se asusta cuando ve cualquier ave, ya que las águilas son sus depredadores.

MONO ARDILLA

Saimiri sciureus

Sudamérica

Come insectos y fruta, que busca entre los árboles o en el suelo. Su familia puede estar formada por 10 y ¡hasta 500 individuos!

DEL AIRE

SAKÍ NEGRO

Chiropotes satanas

Brasil (Amazonas), Guyanas

Es fácilmente reconocible por su larga barba negra y una gruesa cola. Tiene unos fuertes dientes para abrir frutos duros y nueces.

BABUINO

Papio hamadryas

Etiopía, Eritrea, Somalia, Arabia Saudí, Yemen

Vive en altos acantilados de zonas desérticas, donde se le ha visto formar grupos de ¡400 individuos!

MACACO RHESUS

Macaca mulatta

Sureste de China, norte de India y Pakistán

Pasa el tiempo buscando comida en el suelo o en los árboles. Cuando encuentra mucha fruta, la guarda en sus mejillas como un hámster.

¿CUÁL DE ESTOS PRIMATES UTILIZA UNA TERCERA MANO?

MONO ARAÑA NEGRO

Ateles paniscus

Norte de Brasil, Guayanas y Surinam

Con ayuda de su cola, que mide más de 80 cm, ¡es capaz de agarrarse a las ramas de los árboles sin caerse!

SABIOS DE

Entre los primates se encuentran algunos de los animales más inteligentes del planeta. Algunos de ellos, como los chimpancés o los orangutanes, son capaces de usar herramientas para diferentes tareas.

¿CUÁL DE ELLOS TIENE JEFA DE GRUPO?

BONOBO

Pan paniscus

República Democrática del Congo

Su aspecto es parecido al de los chimpancés, pero tiene la cara más negra, las orejas más pequeñas y las piernas más largas. Es el único primate donde las hembras conducen al resto.

GIBÓN

Hylobates lar

Sur de China, sudeste de Asia

Pasa la mayor parte del tiempo en los árboles. Gracias a sus largos brazos, se mueve de forma ágil de rama en rama. Le encanta comer higos.

MANDRIL

Mandrillus sphinx

Oeste de África

Se le reconoce por los colores azules y rojos de su cara. Vive en grandes grupos compuestos por más de 100 animales. Pasa la mayor parte del tiempo en el suelo buscando con sus manos plantas y pequeños animales para comer.

5 DEDOS ¡OH, YEAH!

CHIMPANCÉ

Pan troglodytes

Oeste y centro de África

Es el pariente más cercano del ser humano. Aunque se alimenta principalmente de fruta, hojas y raíces, puede usar palitos para atrapar termitas y hormigas.

GORILA

Gorilla gorilla

Guinea Ecuatorial, Camerún, Gabón, República del Congo

Los machos dominantes se diferencian porque tienen la espalda de color plateado. En algunas ocasiones, se les ha visto usar palos para comprobar la profundidad del agua.

ORANGUTÁN DE BORNEO

Pongo pygmaeus

Isla de Borneo, Indonesia

Cuando llueve, puede usar una rama frondosa como si fuera un paraguas.

PRÍNCIPES

Los lémures son una familia de primates que solo podemos encontrar en Madagascar. Algunas especies son solitarias, pero la mayoría prefiere vivir en grupos que son liderados por las hembras.

LÉMUR ENANO DE COLA GRUESA

Cheirogaleus medius

 Madagascar

Aunque vive en una zona tropical, puede hibernar durante siete meses para evitar las épocas de sequía. ¡Es el único primate que lo hace!

LÉMUR RUFO BLANCO Y NEGRO

Varecia variegata

Madagascar

Puede medir hasta 1,2 m de largo y pesar 4 kg. Junto con el lémur rufo rojo, son los más grandes del grupo.

LÉMUR RUFO ROJO

Varecia rubra

 Madagascar

Es un animal muy limpio. Usa sus garras y los dientes para limpiarse su pelo y el del resto de animales del grupo.

LÉMUR DE COLA ANILLADA

Lemur catta

 Madagascar

El más famoso de todos los lémures. Vive en manadas de hasta 30 animales. El contacto entre ellos es muy importante para mantener el grupo unido.

SIFAKA CORONADO

Propithecus coronatus

 Madagascar

Durante el día, pasa la mayor parte del tiempo en la copa de grandes árboles, buscando hojas, fruta y flores para comer.

DE LOS ÁRBOLES

¡SALTARINES!

LÉMUR CORONADO

Eulemur coronatus

Madagascar

Al igual que otros lémures, usa su cola para mantener el equilibrio cuando salta de rama en rama y también para comunicarse con el resto del grupo.

LÉMUR PARDO

Eulemur fulvus

Madagascar, islas Comoras

Se alimenta de frutas y hojas, pero también le gustan los insectos y las arañas. ¡Puede comer plantas que son tóxicas para otros lémures!

¿A CUÁL DE ESTOS LÉMURES LE ENCANTA DORMIR ABRAZADO?

MIN

¡CHAS, CHAS!

Con ayuda de sus patas y dientes, algunos mamíferos pueden construir sus hogares bajo tierra o incluso sobre un río. En sus geniales madrigueras, viven en familia, se esconden de los depredadores o pasan el invierno.

TOPO EUROPEO

Talpa europaea

Europa y Asia

Es un excavador excelente. Crea una red de túneles bajo tierra para buscar su alimento favorito ¡las lombrices!

MUSARAÑA COLICUADRADA

Sorex araneus

Europa y Asia

Es uno de los mamíferos más pequeños del mundo. No mide más de 80 mm y su peso máximo es de 12 g.

CASTOR AMERICANO

Castor canadensis

Norteamérica y norte de México

Trabaja por la noche buscando ramas, piedras y barro para hacer grandes construcciones en el agua. ¡Su casa es muy grande y está rodeada de lagos!

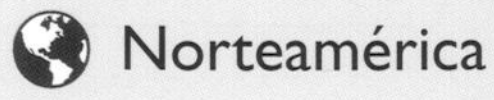

MUSARAÑA DE COLA CORTA

Blarina brevicauda

Norteamérica

Tiene un apetito voraz y le encanta comer insectos. Paraliza a sus presas con su saliva tóxica. ¡Es un mamífero venenoso!

PERRITO DE LA PRADERA

Cynomys ludovicianus

Norteamérica

Vive junto a su familia en una extensa red de túneles bajo tierra. En Texas se encontró una colonia de 400 millones de animales. ¡Toda una ciudad!

EXCAVADORAS

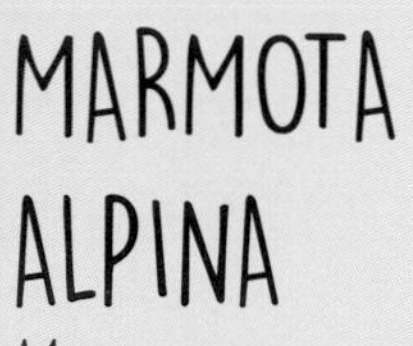

MARMOTA ALPINA

Marmota marmota

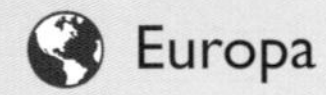

Europa

Durante el invierno, se queda en su madriguera y solo come la hierba que ha acumulado durante los meses cálidos.

COIPO

Myocastor coypus

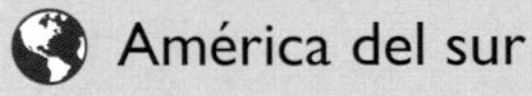

América del sur

Es un animal semiacuático. Construye su hogar junto a los ríos, donde encuentra sus plantas favoritas para comer.

TOPILLO

Microtus pinetorum

Estados Unidos

Vive en galerías que excava en el suelo del bosque. Sus ojos y pequeñas orejas son perfectos para vivir bajo tierra.

¿CUÁL DE ELLOS TIENE UNA PISCINA AL LADO DE SU MADRIGUERA?

MARMOTA CANADIENSE

Marmota monax

América del norte

Si un depredador entra en su refugio, cuenta con una salida secreta para huir. Pero también puede defender su hogar con uñas y dientes.

ROEDORES ¡QUÉ DIENTES!

La mayoría de los roedores son mamíferos pequeños. Por eso, muchos depredadores se alimentan de ellos. Para evitar que puedan atraparlos, cuentan con una gran agilidad y otros curiosos trucos.

ARDILLA LISTADA DEL ESTE

Tamias striatus

Nueva Escocia (Canadá), sur de Estados Unidos

Este mamífero excava su madriguera bajo tierra. Usa palitos, hojas y piedras para camuflar la entrada a su hogar.

RATÓN ESPINOSO DORADO

Acomys russatus

Sur de Oriente Medio

Vive en el desierto. Para conseguir agua, tiene que comer muchas plantas ya que no dispone de ríos ni lagos cerca.

ARDILLA MORUNA

Atlantoxerus getulus

Oeste del Sáhara, Marruecos, Argelia

Es una ardilla terrestre que vive en grupo con su familia. Sale a comer por la mañana temprano o por la noche para evitar el calor y los depredadores.

RATÓN DE CAMPO

Apodemus sylvaticus

Europa, cuenca mediterránea

Es un animal nocturno que no vive más de 2 años. Gracias a sus grandes orejas, puede escuchar si hay algún depredador al acecho.

E NIVEL

LIRÓN CARETO

Eliomys quercinus

Europa, Asia, norte de África

Tiene una cola larga que termina en un penacho de pelos. Puede desprenderse de él si un depredador lo atrapa por ahí.

RATÓN ESPIGUERO

Micromys minutus

Europa, norte de Asia

Construye su nido de forma esférica entre la hierba alta. Usa su cola prensil para escalar los tallos de trigo y llegar hasta las semillas.

ARDILLA DE SIBERIA

Eutamias sibiricus

Centro de Rusia, norte de China, Corea

Es una ardilla solitaria. En invierno, construye madrigueras de más de 1 m de longitud.

¿CUÁL DE ESTOS ROEDORES AGUANTA MEJOR EL CALOR?

CHINCHILLA DE COLA CORTA

Chinchilla chinchilla

Sur de Perú

Vive en ambientes rocosos. Tiene un pelo muy suave, por ello fue cazada hasta casi llegar a su extinción.

ARDILLA ROJA

Sciurus vulgaris

Europa, Asia

Durante el día busca semillas, frutos, insectos e incluso huevos. Si ve a un depredador, mueve la cola y chilla para alertar al resto de su familia.

GRAAAANDES ¿OIRÁN MEJOR?

Las liebres y los conejos son lagomorfos que pertenecen al grupo de los mamíferos, es decir, aquellos que tienen placenta. Gracias a su pelaje, pueden esconderse de sus depredadores. Si son descubiertos, huirán muy rápido y dando saltos.

LIEBRE EUROPEA

Lepus europaeus

Europa, este de Asia, sur de Sudamérica, sur de Canadá, norte de Estados Unidos, Australia, Nueva Zelanda

Durante la noche, está más activa y pasa el tiempo buscando comida. De día, se oculta en pequeños agujeros en el suelo.

¿CUÁL GANARÍA UNA COMPETICIÓN DE SALTOS?

CONEJO PIGMEO

Brachylagus idahoensis

Norteamérica

Es el conejo más pequeño del mundo. No pesa más de 500 g y mide 20 cm de longitud. Se oculta entre la hierba alta.

LIEBRE ÁRTICA

Lepus arcticus

Groenlandia, Canadá y Alaska

Tiene un pelaje más grueso y orejas cortas para poder vivir en lugares fríos. También es totalmente blanca. ¡Así nadie la ve en la nieve!

OREJAS

LIEBRE BIRMANA

Lepus peguensis

Camboya, Laos, Birmania, Tailandia y Vietnam

Es una especie nocturna que se alimenta de pastos, ramitas y cortezas.

CONEJO EUROPEO

Oryctolagus cuniculus

Norte de África y Europa

Sus largas orejas, de hasta 7 cm, le sirven para bajar la temperatura de su cuerpo. Puede comerse sus propias heces para aprovechar la comida no digerida.

CONEJO COLA DE ALGODÓN

Sylvilagus sp.

Sudamérica

Tiene un aspecto parecido al conejo europeo, pero sus orejas son más pequeñas y el cuerpo es más rechoncho.

LIEBRE SALTADORA

Pedetes capensis

Kenia, Zaire, Sudáfrica

Se parece a un pequeño canguro, pero no es familiar de ellos. Gracias a sus patas traseras puede esquivar de forma ágil a un depredador.

VESTIDOS ¡QUÉ ORIGINALES!

Algunos animales no tienen que salir corriendo si se encuentran con un depredador. Se pueden defender gracias a que tienen una armadura o una cubierta de pinchos.

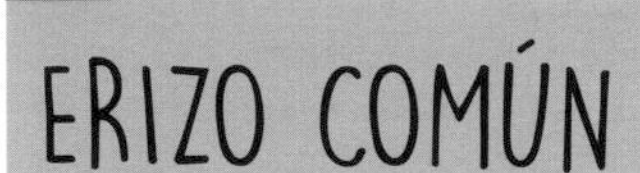

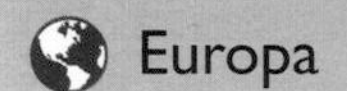

ERIZO COMÚN

Erinaceus europaeus

Europa

Tiene un buen olfato para encontrar alimento en la noche o gusanos enterrados. Está protegido por una capa con ¡miles de púas!

QUIRQUINCHO PELUDO

Chaetophractus villosus

Bolivia, Paraguay, Argentina

Es un tipo de armadillo al que le crecen pelos por debajo de su coraza. Tiene unas poderosas garras para cavar en busca de gusanos.

MULITA, ARMADILLO

Dasypus novemcinctus

Desde el sur de Estados Unidos hasta el norte de Argentina

Existe el armadillo de 9 bandas (izquierda) y el de 3 bandas (derecha). Su armadura le cubre el cuerpo por completo, salvo la barriga. Es capaz de nadar para cruzar un río.

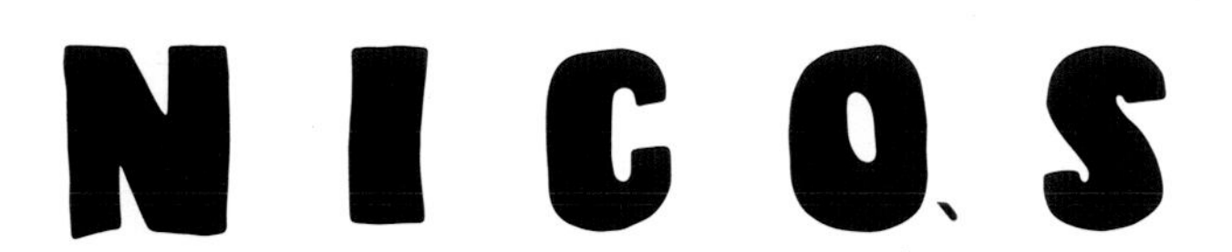

¿CUÁL DE ELLOS LLEVA UN VESTIDO DE ESCAMAS?

TENREC DE MADAGASCAR

Echinops telfairi

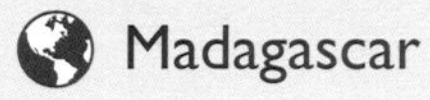

Madagascar

De aspecto parecido a un erizo, este animal solo vive en Madagascar. Le gusta descansar bajo un tronco, fuera del alcance de los depredadores.

PUERCO ESPÍN CRESTADO

Hystrix cristata

África del norte, África subsahariana

Está recubierto de púas que pueden medir 35 cm. Para defenderse, se pone de espalda al depredador y ¡amenaza con pincharle!

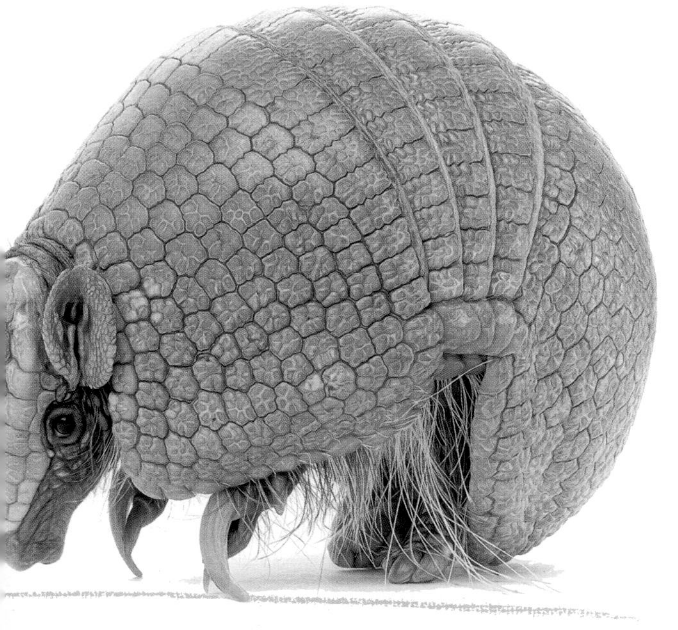

PANGOLÍN

Manis sp.

Zonas tropicales de Asia y África

Unas escamas, como si fuera un pez, le protegen desde la cabeza hasta la parte inferior del cuerpo. ¡Pero las suyas son mucho más duras!

Al igual que los humanos usamos teléfonos, los animales se comunican gracias a los olores para advertir o dar información suya. Aunque también les puede servir como una apestosa defensa.

CIVETA DE LAS PALMERAS

Paradoxurus hermaphroditus

🌍 India, sur de China e Indochina

Se alimenta principalmente de frutas como el mango. Cuando se siente amenazada, emite un olor muy desagradable.

JINETA

Genetta genetta

🌍 Sur de Europa, Oriente Medio, África

Es un animal nocturno. Para avisar de su presencia a otros animales, marca su hogar con olor y orina.

DEL PERFUME

MANGOSTA

Helogale parvula

Eurasia y África

Vive en familias de hasta 30 animales. Para que otros grupos no se acerquen a su territorio, impregnan con olor rocas y árboles como advertencia.

GLOTÓN

Gulo gulo

Canadá, Alaska, Finlandia y Rusia

Algunos lo llaman «gato asqueroso» porque produce un fuerte olor acre para marcar su terreno. Es un carnívoro capaz de cazar presas más grandes que él.

¿QUIÉN UTILIZA SU OLOR PARA DEFENDERSE?

MOFETA RAYADA

Mephitis mephitis

Norteamérica

La más apestosa de todas. Si es molestada, lanza un líquido maloliente por el trasero a una distancia de 2 m. El olor es tan fuerte, que durará semanas allí donde caiga.

LAAAARGOS ¡OINC!

El sentido del olfato es muy importante para estos animales. Les ayuda a encontrar alimento o detectar a los depredadores. Algunos incluso tienen largos hocicos para llegar a su comida favorita.

CERDO SALVAJE

Sus scrofa

Australia, Nueva Zelanda, Nueva Guinea y las islas del Pacífico

Es pariente de cerdos domésticos escapados de granjas. ¡Genera problemas en los cultivos!

¿QUIÉN PUEDE NADAR EN BUSCA DE PLANTAS?

OSO HORMIGUERO GIGANTE

Myrmecophaga tridactyla

América central y del sur

Usa su olfato para encontrar insectos. Cuando descubre un hormiguero, excava y saca su larga lengua para atrapar las hormigas.

TAMANDÚA

Tamandua tetradactyla

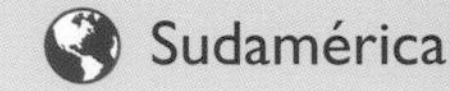

Sudamérica

Es un animal solitario que está activo por la noche. Con sus fuertes garras, abre los nidos de termitas, hormigas y abejas.

HOCICOS

TAPIR

Tapirus terrestris

Sudamérica

Vive cerca de ríos y pantanos. ¡Su nariz es como la trompa pequeña de un elefante! Además, le sirve para comer hojas y frutos.

JABALÍ

Sus scrofa

Europa y Asia

Tiene una vista mala. Por eso, confía en su olfato para encontrar alimento como setas, bellotas y ¡animales que se esconden bajo tierra!

PECARÍ

Pecari tajacu

Centro y sur de América

Usa su hocico para buscar frutas, raíces y pequeños animales.

CERDO HORMIGUERO

Orycteropus afer

África subsahariana

Solo sale de su madriguera por la noche. Gracias a su agudo olfato rastrea hormigas y termitas.

ARMADOS CON

YAK

Bos grunniens

Tíbet

Tiene un pelaje denso y largo para soportar el frío. Es muy grande. ¡Mide 2 m de altura y pesa 1 000 kg!

¡UY!

Algunos animales como las vacas, los antílopes o las cabras tienen cuernos hechos de hueso. En cambio, a los ciervos o los renos les crecen astas, que mudan cada año. ¡Siempre de estreno!

BISONTE AMERICANO

Bison bison

Desde Alaska y oeste de Canadá hasta norte de México

Durante el otoño, frota sus cuernos en los troncos de cedros y pinos. Así consigue un aroma que disuade a los mosquitos.

ÑU

Connochaetes taurinus

Del este al sur de África

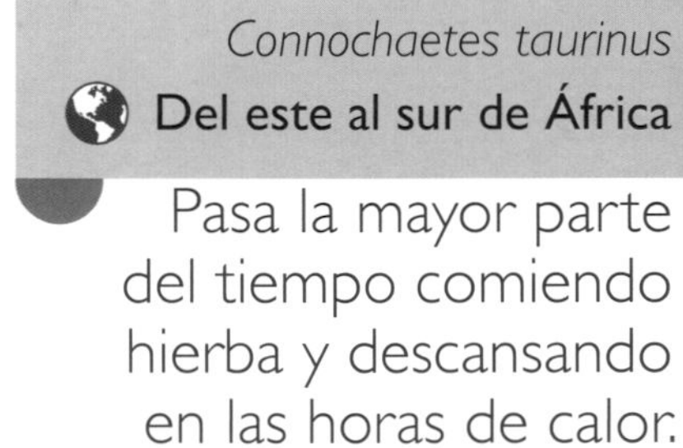

Pasa la mayor parte del tiempo comiendo hierba y descansando en las horas de calor. Pueden reunirse en rebaños de más de 200 animales.

SPRINGBOK

Antidorcas marsupialis

Sur y suroeste de África

Puede dar saltos repetidos de hasta 2 m de altura. Los depredadores prefieren no perseguirlo porque ¡corre a 88 km/h!

CORNAMENTA

CIERVO ROJO

Cervus elaphus

En todo el Hemisferio norte

Solo los machos tienen astas, que usan para defenderse o luchar con otros machos.

¿CUÁL DE ELLOS PODRÍA SUBIRSE A UN ACANTILADO?

ÍBICE

Capra ibex

Los Alpes (Europa)

Vive en las montañas, sobre todo en zonas a las que no pueden llegar los depredadores. ¡Es un excelente escalador!

RENO O CARIBÚ

Rangifer tarandus

Alaska, Canadá, Finlandia, norte de Rusia

Si vive en Europa o Asia se le conoce como reno. Mientras que si se encuentra en América le llaman caribú.

SIKA

Cervus nippon

Este de Asia

Cuando crece, es uno de los pocos ciervos que no pierde las típicas manchas blancas que tienen las crías de ciervos.

ANIMALES Y JOROBAS...

Los camélidos son una familia de mamíferos que incluye a los camellos, dromedarios y animales parecidos a las llamas. Son grandes y altos. Están adaptados a vivir en zonas calurosas con poca agua o de montaña.

LLAMA

Lama glama

Argentina, Ecuador, Bolivia, Perú, Chile

Es un animal que no se encuentra en la naturaleza. Cuando se siente amenazado, puede escupir a modo de advertencia.

CAMELLO BACTRIANO

Camelus bactrianus

Norte de Asia, Turquía

Puede soportar temperaturas muy altas. ¡Hasta más de 50 °C! En sus dos jorobas guarda grasa para aguantar mucho tiempo sin comer ni beber.

DE ALTURA

¿CUÁL DE ELLOS ES EL ANIMAL MENOS SALVAJE?

VICUÑA

Vicugna vicugna

Perú, Argentina, Bolivia y Chile

Vive en zonas de alta montaña. A veces lame piedras para conseguir sal. También puede beber agua salada.

GUANACO

Lama guanicoe

Perú, Argentina, Bolivia y Chile

Es el antepasado de la llama. Puede vivir en el desierto de Atacama, donde en algunas zonas no ha llovido ¡en más de 50 años!

DROMEDARIO

Camelus dromedarius

Sáhara (África), norte de India, Oriente Medio

Puede medir 2 m de altura y pesar 600 kg. Se le reconoce por tener una joroba.

VAMPIROS ¡AHH!

Los murciélagos pertenecen a la familia de los quirópteros. A pesar de su mala fama, no son peligrosos para las personas. Algunas especies consiguen su comida gracias a la ecolocalización, un truco parecido al sonar.

ZORRO VOLADOR GRANDE

Pteropus vampyrus

Indonesia, península de Malasia

Este gigantesco murciélago se alimenta de flores, néctar y frutas. Es uno de los murciélagos más grandes del mundo. ¡Sus alas miden 1,5 m!

MURCIÉLAGO PINTADO

Kerivoula picta

Sudeste de Asia y sur de India

Sus alas son negras con rayas blancas o anaranjadas. Le gusta dormir bajo las hojas de un platanero.

MURCIÉLAGO HORTELANO

Eptesicus serotinus

Europa, Oriente Medio, Asia

Sale por la noche a cazar insectos voladores. Los encuentra gracias a la ecolocalización. Puede usar casas abandonadas para dormir.

VOLADORES

MURCIÉLAGO EGIPCIO DE LA FRUTA

Rousettus aegyptiacus

África, Oriente Medio

Durante el día, descansa en árboles o en cuevas. Al atardecer, sale a buscar fruta a más de 20 km. ¡Le encantan los dátiles!

VAMPIRO COMÚN

Desmodus rotundus

América del Sur, Centroamérica

Se sube a animales como las vacas y les hace pequeñas heridas sin que se den cuenta. Así consigue su comida favorita: ¡sangre!

¿CUÁL DE ELLOS TE RECUERDA MÁS A DRÁCULA?

MURCIÉLAGO OREJUDO

Plecotus austriacus

Eurasia, norte de África

Sus enormes orejas le ayudan a encontrar a sus presas mediante la ecolocalización. Para comer, prefiere las polillas.

NÓCTULO COMÚN

Nyctalus noctula

Europa y Asia

Empieza a cazar al atardecer. Puede volar a una velocidad de 50 km/h mientras busca escarabajos y polillas para comer.

REINAS

Las aves rapaces, como las águilas, buscan a sus presas desde el aire y las atacan velozmente. En cambio, las especies que se alimentan de carroña, como el buitre, usan sus grandes alas para planear y encontrar los cadáveres.

BUITRE NEGRO AMERICANO

Coragyps atratus

Desde el sur de Canadá hasta Sudamérica

Es un ave carroñera, que también puede alimentarse de huevos o crías de animales como las tortugas. Acude a los vertederos a buscar comida.

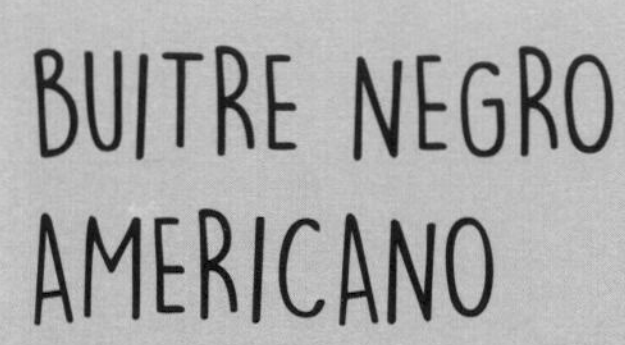

ALIMOCHE

Neophron percnopterus

Norte de África, sur de Europa, oeste de Asia

Tiene una dieta muy variada: desde carroña hasta pequeños animales. Le gusta comer huevos de avestruz que ¡rompe con una piedra!

ÁGUILA REAL

Aquila chrysaetos

América del Norte, Eurasia, norte de África

Caza desde el aire. Tiene un pico en forma de gancho y unas fuertes garras que le ayudan a atrapar conejos, serpientes, zorros e incluso cabras.

DEL AIRE SSSSS...

¿CUÁL PUEDE CAZAR PRESAS MÁS GRANDES QUE SU TAMAÑO?

ZOPILOTE REY

Sarcoramphus papa

Desde el sur de México hasta el norte de Argentina

También lo llaman «cóndor de la selva». Come carroña que busca mientras planea. Sus alas, de punta a punta, ¡miden 2 m!

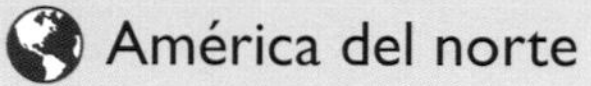

ÁGUILA CALVA

Haliaeetus leucocephalus

América del norte

Desde el aire, vigila ríos y lagos buscando peces que estén en la superficie. Pesca salmones y truchas con sus poderosas garras.

CÓNDOR DE LOS ANDES

Vultur gryphus

Ecuador, Perú, Bolivia, Chile, Argentina

Es una de las aves más grandes del mundo. ¡Sus alas miden 3,3 m de punta a punta! Se alimenta de carroña de animales como los ciervos.

GAVILÁN

Accipiter nisus

Europa, norte de África, Oriente Medio, Asia Menor

Vive en los bosques. Para cazar, se oculta entre la vegetación. Cuando pasan pequeñas aves, las sorprende con un rápido ataque.

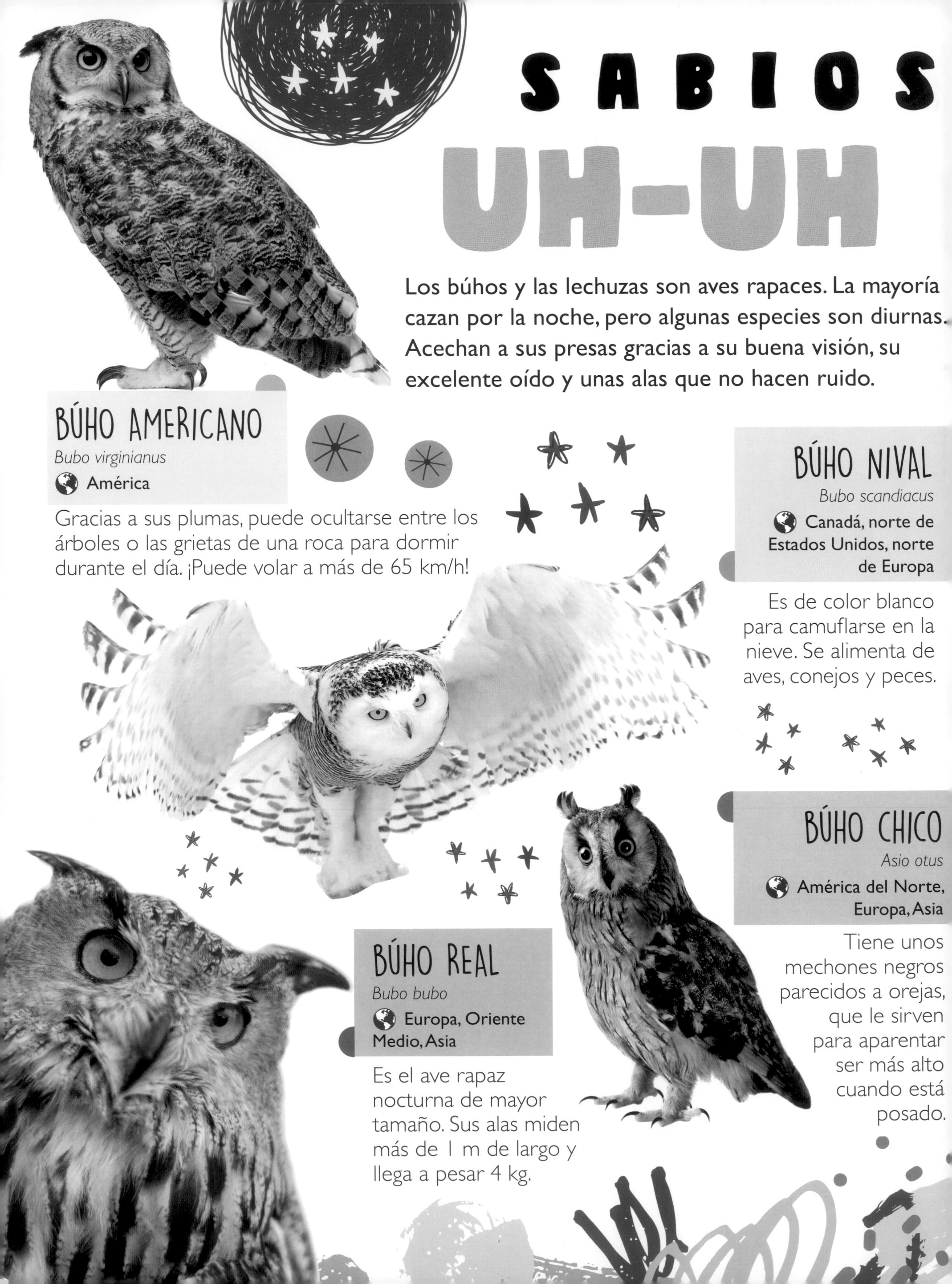

SABIOS UH-UH

Los búhos y las lechuzas son aves rapaces. La mayoría cazan por la noche, pero algunas especies son diurnas. Acechan a sus presas gracias a su buena visión, su excelente oído y unas alas que no hacen ruido.

BÚHO AMERICANO

Bubo virginianus

América

Gracias a sus plumas, puede ocultarse entre los árboles o las grietas de una roca para dormir durante el día. ¡Puede volar a más de 65 km/h!

BÚHO NIVAL

Bubo scandiacus

Canadá, norte de Estados Unidos, norte de Europa

Es de color blanco para camuflarse en la nieve. Se alimenta de aves, conejos y peces.

BÚHO CHICO

Asio otus

América del Norte, Europa, Asia

Tiene unos mechones negros parecidos a orejas, que le sirven para aparentar ser más alto cuando está posado.

BÚHO REAL

Bubo bubo

Europa, Oriente Medio, Asia

Es el ave rapaz nocturna de mayor tamaño. Sus alas miden más de 1 m de largo y llega a pesar 4 kg.

DEL BOSQUE

¿CUÁL DE ELLAS CAZA EN LAS HORAS DE SOL?

LECHUZA COMÚN

Tyto alba

Por casi todo el mundo

Las plumas de su cara forman un disco que le ayudan a escuchar mejor. Cuando caza, lo hace en completo silencio.

MOCHUELO COMÚN

Athene noctua

Europa, Oriente Medio, norte de África, centro de Asia

Vigila desde sitios altos para cazar insectos, lombrices y otros pequeños animales. Es un ave pequeña que está activa durante el día.

AUTILLO EUROPEO

Otus scops

Europa, África subsahariana

Es un ave pequeña, no mide más de 20 cm y pesa 100 g. Caza insectos al vuelo y también puede comer pequeños animales.

CÁRABO COMÚN

Strix aluco

Europa,China, norte de África

Cuando encuentra una pareja, vive con ella para siempre. Se alimenta de ratones, insectos, lombrices e incluso de ¡otros búhos más pequeños!

GRANDES

Los animales como los gansos, los patos o los cisnes son aves acuáticas. Muchas de ellas migran a zonas del hemisferio norte para criar en los meses cálidos. Regresan antes de que empiece el invierno.

GANSO

Anser anser

Europa, norte de África

Durante las épocas cálidas, vive en zonas costeras y húmedas. En invierno migra al sur de Europa, Asia y Oriente Medio.

PATO CRIOLLO

Cairina moschata

Desde México hasta el centro de Argentina, Uruguay

Vive cerca de pantanos y lagos, donde se alimenta de plantas acuáticas y pequeños animales. No es un ave migratoria.

GANSO CISNE

Anser cygnoides

Este de Asia

En verano viaja al sur de Siberia para criar. La madre incuba los huevos, mientras el padre defiende el nido de cualquier depredador.

CISNE BLANCO

Cygnus olor

Eurasia, Norteamérica

Se pueden reunir en grupos de miles de aves que migran al sur en invierno. ¡Sus alas llegan a medir 2,4 m de punta a punta!

VIAJERAS

CUA, CUA

¿CUÁL DE ELLAS NO CAMBIA DE HOGAR DURANTE EL AÑO?

PATO MANDARÍN

Aix galericulata

Siberia, China, Japón

Migra para criar al este de Siberia. Prefiere los lagos cerca de bosques donde pueda hacer sus nidos en los árboles.

TARRO CANELO

Tadorna ferruginea

Europa, Asia, norte de África

Solamente vive en pareja durante la cría, pero en invierno se reúne en grandes bandadas. Come plantas y pequeños animales del agua.

ÁNADE REAL

Anas platyrhynchos

Por casi todo el mundo

Las poblaciones de América del Norte pasan el invierno en México y en el Caribe. Las hembras son de color marrón.

CISNE NEGRO

Cygnus atratus

Australia, Nueva Zelanda

Antes de su descubrimiento, se creía que todos los cisnes eran blancos. No es migratorio, pero viaja cientos de kilómetros para buscar comida.

Las aves marinas pertenecen a varios grupo
Muchas de ellas se alimentan de pescado, po
eso sobrevuelan el mar para encontrar los banc
de peces. Otras especies prefieren quedarse e
la playa y buscar comida en la orilla.

CHARRÁN ÁRTICO

Sterna paradisaea

Ártico, Patagonia, Sudáfrica, Australia, Nueva Zelanda

Cría en grandes colonias en el Ártico, después migra hacia los océanos cercanos a la Antártida. Cuando vuelve ha recorrido ¡más de 30 000 km!

GAVIOTA ARGÉNTEA

Larus argentatus

Norte de Europa

Si sienten que sus huevos o polluelos están amenazados, los padres vuelan sobre ellos mientras gritan tan fuerte que el depredador se marcha.

FRAILECILLO

Fratercula arctica

Norte de Canadá, Estados Unidos y Europa

Forma colonias en la parte más alta de un acantilado para evitar a los depredadores. Allí tiene a sus crías, que alimenta con peces.

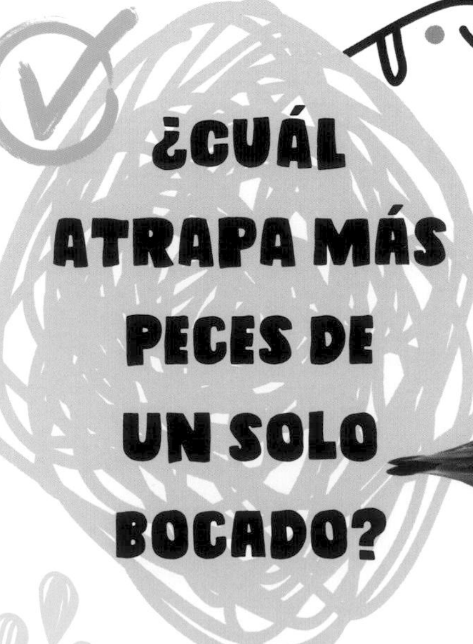

CHORLITEJO PATINEGRO

Charadrius alexandrinus

Sur de Europa, norte de África, centro y sur de Asia

Es un ave pequeña que no mide más de 15 cm. Vive en la playa y se alimenta de gusanos, insectos y moluscos que encuentra en la arena.

DEL MAR

MARINOS!

CIGÜEÑUELA COMÚN

Himantopus himantopus

Europa, Asia, África

Con sus patas largas, puede andar por la orilla sin mojarse las plumas. Come pequeños animales que hay entre el barro y la arena.

GAVIOTA REIDORA

Chroicocephalus ridibundus

Europa, África, Norteamérica

Se alimenta principalmente de peces. Su nombre se debe a que es un ave muy ruidosa y alegre, sobre todo si se encuentra en grupo.

PELÍCANO COMÚN

Pelecanus onocrotalus

Este de Europa, norte de África, India

Tiene un pico largo con una bolsa amarilla extensible. Lo usa para atrapar a los peces junto a un gran trago de agua que no se bebe.

ALCATRAZ COMÚN

Morus bassanus

Costas del Atlántico Norte

Para capturar a los peces, se sumerge en el agua lanzándose en picado desde el aire. ¡Lo hace a una velocidad de 100 km/h!

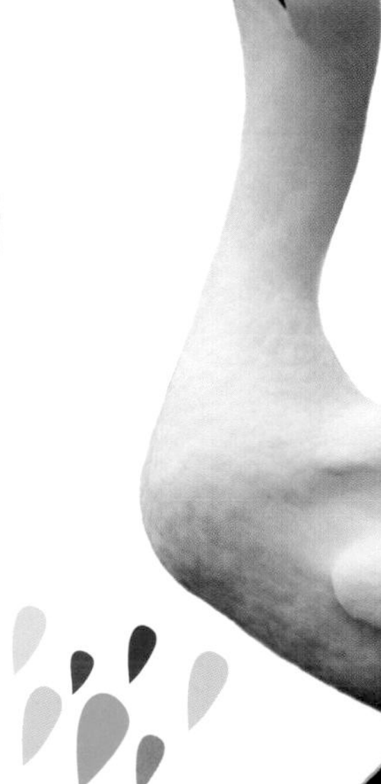

ALCA COMÚN

Alca torda

Noreste de Europa

Puede bucear para buscar peces. Cuando captura a su presa, es capaz de comérsela bajo el agua. ¡Aguanta la respiración un minuto!

ZANQUILARGAS

¡QUÉ ALTAS!

Gracias a sus patas largas, algunas aves pueden caminar por el agua poco profunda para buscar peces y otros pequeños animales. Su gran altura también les ayuda a encontrar alimento entre la hierba y pastos.

FLAMENCO DEL CARIBE

Phoenicopterus ruber

Centroamérica

Se alimenta de animales microscópicos y algas que atrapa con su pico curvo. ¡Puede medir 1,40 m de altura y es de color rosa!

GRULLA REAL GRIS

Balearica regulorum

Este y centro de África

Es reconocible por su cresta amarilla. Llega a medir 1 m de altura. En el cortejo, se agacha y da saltos. ¡Está bailando!

MARABÚ

Leptoptilos crumeniferus

En toda África, menos el norte y el Sáhara

Es un ave carroñera que también puede comer pequeños animales, que atrapa con su largo pico. Mide 1,20 m de altura.

¿CUÁL ES LA MÁS ALTA?

IBIS ESCARLATA

Eudocimus ruber

Sudamérica

Usa su pico largo y curvado para alimentarse de pequeños animales ocultos en el fango de la orilla. Mide menos de medio metro.

TÁNTALO AFRICANO

Mycteria ibis

África subsahariana, Sudáfrica, Marruecos, Senegal, Madagascar

Tiene un pico largo y fino que usa para pescar peces y otros pequeños animales acuáticos. No mide más de 1 m de altura.

FLAMENCO COMÚN

Phoenicopterus roseus

África subsahariana, oeste de África, zona mediterránea, suroeste de Asia

Es el flamenco más grande del mundo. Puede pesar 4 kg y medir ¡1,50 m de altura! Construye su nido en el agua, haciendo un montículo de barro.

CIGÜEÑA

Ciconia ciconia

Sur de Europa, Oriente Medio, oeste y centro de Asia, sur de África

Vive en pareja durante toda su vida. En el cortejo usa su pico para hacer un ruido parecido al de unas castañuelas. No mide más de 1,15 m.

COLORES ES ¡HALA!

Muchos animales usan el color como un atractivo para encontrar pareja. Entre las aves, destacan los loros, las cotorras, los periquitos, las cacatúas o los tucanes, que combinan colores brillantes.

LORI CARDENAL

Chalcopsitta cardinalis

Islas Salomón y Bismarck

Casi todas sus plumas son rojas claras u oscuras y su pico es naranja. No mide más de 30 cm de largo.

COTORRITA DEL SOL

Aratinga solstitialis

Sudamérica

De pequeña, sus plumas son de color verde. Cuando crece, consigue un color intenso amarillo y naranja. Come fruta y semillas.

CAROLINA

Nymphicus hollandicus

Australia

La mayoría de sus plumas son de color gris claro. Se caracteriza por su cabeza amarilla, con dos círculos rojos y una llamativa cresta.

COTORRA DE CABEZA DORADA

Aratinga auricapilla

 Brasil

Está cubierta por plumas verdes, salvo en su cabeza, que es roja y amarilla. La punta de su cola es azul.

ECTACULARES

TUCÁN PICO ÍRIS

Ramphastos sulfuratus

México, Colombia y Venezuela

Tiene un gran pico coloreado que mide ¡16 cm de largo! Come muchos tipos de fruta, pero también pequeños animales como reptiles o anfibios.

LORO ARCOÍRIS

Trichoglossus haematodus

Sudeste asiático, Oceanía (menos Australia y Nueva Zelanda)

Se caracteriza por sus plumas verdes, azules y naranjas. Tiene una lengua especial que le sirve para comer néctar y polen de las flores.

¿CUÁL LLEVA UN VESTIDO DE UN SOLO COLOR?

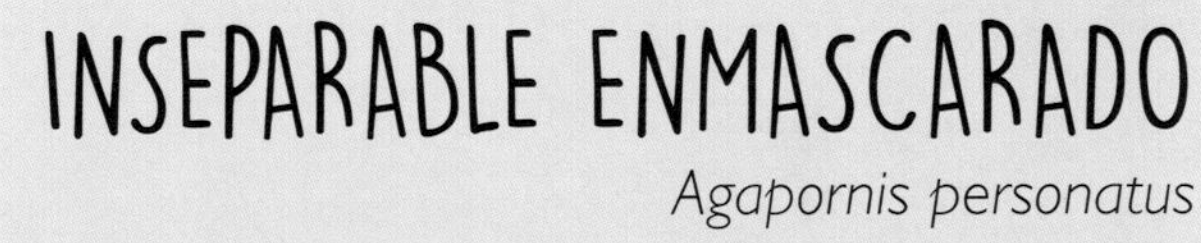

INSEPARABLE ENMASCARADO

Agapornis personatus

Tanzania, Kenia

Es uno de los agapornis más pequeños del mundo. Mide 15 cm de largo. Se diferencia por su cabeza de color gris oscuro.

GUACAMAYO ROJO Y VERDE

Ara chloroptera

Brasil, Colombia, Ecuador, Perú, Venezuela, Guayanas

Es uno de los guacamayos más grandes del mundo. Puede medir 90 cm y pesar más de 1 kg. Se empareja de por vida.

PLUMAJE

Algunas aves viven en tierra, como las gallinas. Para evitar a los depredadores, usan colores marrones para camuflarse. Pero existen especies donde los machos tienen colores llamativos para cortejar a las hembras.

UROGALLO

Tetrao urogallus

Norte de Europa, montañas del centro de Europa

El macho es de color negro y tiene una gran cola que usa en el cortejo. Las hembras son más pequeñas y marrones.

¿CUÁL NO USA PLUMAS DE COLORES PARA EL CORTEJO?

FAISÁN COMÚN

Phasianus colchicus

Asia, Europa, Norteamérica

La cabeza del macho está adornada con plumas azules y verdes brillantes. También tiene un antifaz rojo y una larga cola rayada. Las hembras son marrones con motas negras.

¡ÚNICO!

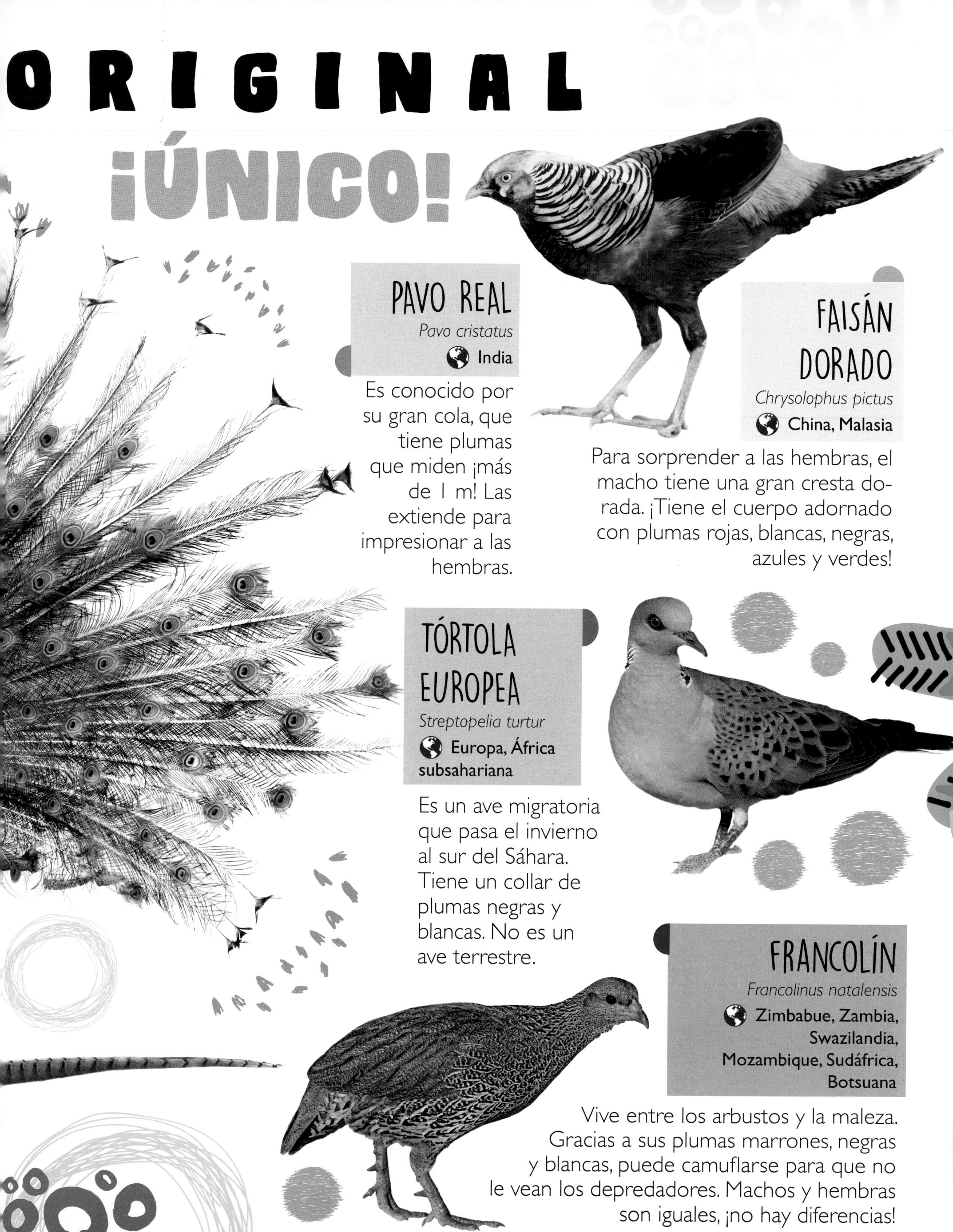

PAVO REAL

Pavo cristatus

India

Es conocido por su gran cola, que tiene plumas que miden ¡más de 1 m! Las extiende para impresionar a las hembras.

FAISÁN DORADO

Chrysolophus pictus

China, Malasia

Para sorprender a las hembras, el macho tiene una gran cresta dorada. ¡Tiene el cuerpo adornado con plumas rojas, blancas, negras, azules y verdes!

TÓRTOLA EUROPEA

Streptopelia turtur

Europa, África subsahariana

Es un ave migratoria que pasa el invierno al sur del Sáhara. Tiene un collar de plumas negras y blancas. No es un ave terrestre.

FRANCOLÍN

Francolinus natalensis

Zimbabue, Zambia, Swazilandia, Mozambique, Sudáfrica, Botsuana

Vive entre los arbustos y la maleza. Gracias a sus plumas marrones, negras y blancas, puede camuflarse para que no le vean los depredadores. Machos y hembras son iguales, ¡no hay diferencias!

PÁJAROS PÍO, PÍO

Una parte importante de la comunicación entre aves es el sonido. Usan cantos o ruidos diferentes para advertir de un peligro, marcar su territorio o cortejar a una pareja. ¡Juntos crean las canciones del bosque!

URRACA

Pica pica

Europa, Asia

Es una de las aves más listas del mundo. Cuando le sobra el alimento, lo guarda en un lugar secreto para comer después.

PERIQUITO COMÚN

Melopsittacus undulatus

Australia

Es un ave nómada, que viaja por el interior de Australia en pequeñas bandadas en busca de agua y comida.

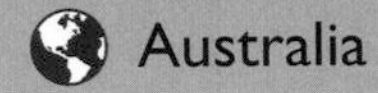

DIAMANTE MANDARÍN

Taeniopygia guttata

Australia

Vive en bandadas de hasta 100 pájaros. Para entenderse entre ellos, cada uno usa un tipo canto diferente.

JILGUERO

Carduelis carduelis

Europa, Asia, norte de África

Le gusta comer granos y semillas como las pipas. Es un ave de pequeño tamaño que no mide más de 13 cm de longitud.

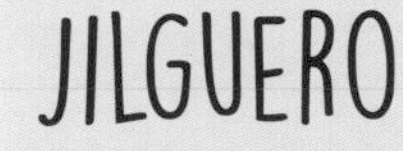

PETIRROJO

Erithacus rubecula

Europa, norte de África

Se alimenta de insectos, arañas, lombrices y bayas. Los machos son muy territoriales y expulsan de su territorio ¡incluso a otras pequeñas aves!

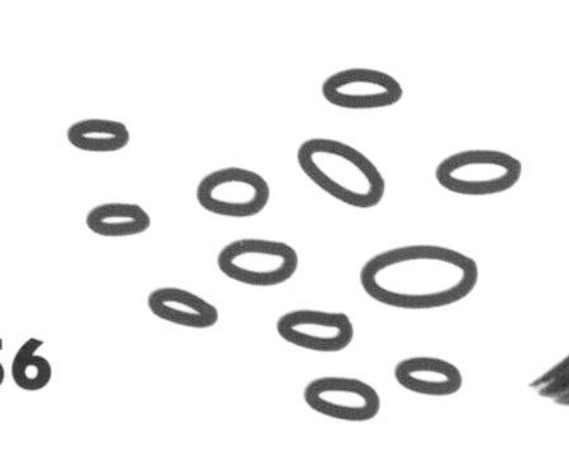

CANTARINES

OROPÉNDOLA

Oriolus oriolus

Europa, Asia y África (según la estación)

El macho tiene un color amarillo intenso y alas negras, mientras que las hembras son marrones y verde claro. Pasa el invierno en África.

GORRIÓN COMÚN

Passer domesticus

Por casi todo el mundo

Puede vivir sin problemas en las ciudades. Los machos se reconocen por tener una mancha negra a modo de corbata.

GOLONDRINA COMÚN

Hirundo rustica

América, Europa, Asia, África

Es un ave migratoria que cría en el hemisferio norte. Construye sus nidos con barro y hierba seca. ¡Caza insectos mientras está volando!

MIRLO

Turdus merula

Europa, norte de África

Solo los machos visten enteros de negro. Las hembras son de color marrón claro. Busca lombrices entre las hojas caídas del bosque.

¿QUIÉN NO TIENE UN HOGAR FIJO?

GRANADINA AZUL

Uraeginthus angolensis

Centro y sur de África

Se alimenta de semillas e insectos como las termitas. Hace su nido con hierbas secas y plumas.

DESCUBRE E

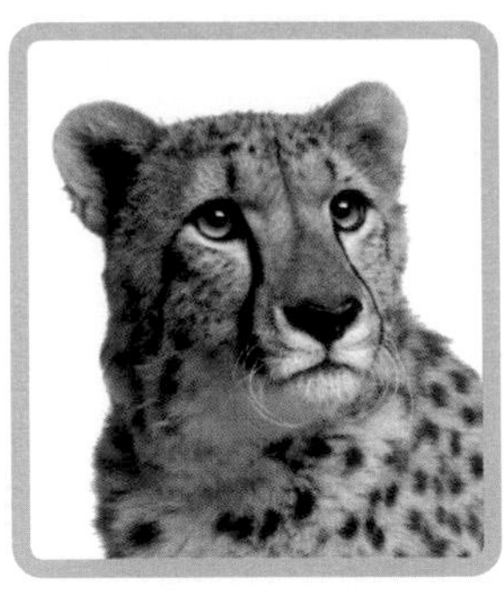

PÁGINA 7

EL GUEPARDO

El guepardo es el animal terrestre más veloz. Puede correr a más de 100 km/h para cazar a sus presas.

PÁGINA 9

EL ELEFANTE ASIÁTICO

Es el mayor mamífero herbívoro terrestre que podemos encontrar en Asia y fuera de África.

PÁGINA 11

EL LICAÓN

Algunas manadas de licaones están compuestas por ¡más de 50 individuos!

PÁGINA 12

EL OSO POLAR

Pasa la mayor parte del tiempo sobre el hielo del Polo norte. ¡Incluso se puede meter en el agua muy fría!

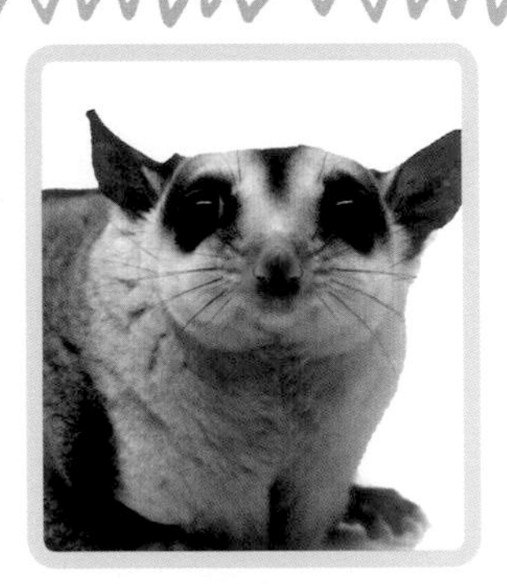

PÁGINA 15

EL PETAURO DE AZÚCAR

Cuando salta desde muy alto, puede recorrer más de 50 m de longitud planeando.

PÁGINA 17

EL MAPACHE BOREAL

Es un animal muy listo que puede aprender a encontrar comida en la ciudad. ¡Sabe cómo abrir un cubo de basu

PÁGINA 19

EL MONO ARAÑA NEGRO

La larga cola del mono araña es prensil y le sirve para agarrarse a las ramas mientras busca comida con sus manos.

PÁGINA 20

EL BONOBO

Vive en sociedades matriarcales, donde las hembras son las líderes del grupo.

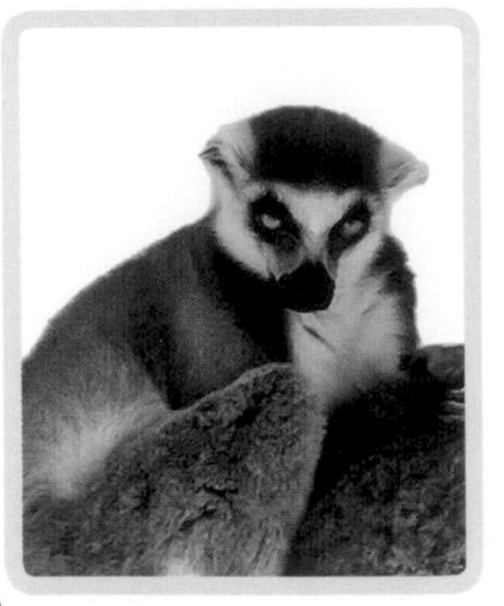

PÁGINA 23

EL LÉMUR DE COLA ANILLADA

Le gusta descansar junto a otros miembros de la manada. Duermen abrazados, cuatro o cinco, uno detrás de otro.

PÁGINA 25

EL CASTOR AMERICANO

Construye grandes presas de madera sobre los ríos y así crea pequeños lagos, donde puede nadar y buscar comida.

ANIMAL SECRETO

PÁGINA 27

EL RATÓN ESPINOSO DORADO

Vive en desiertos donde las temperaturas ¡superan los 40 °C!

PÁGINA 28

LA LIEBRE SALTADORA

Cuando es atacada por un depredador, la liebre saltadora puede alcanzar ¡más de 2 m de altura para escapar!

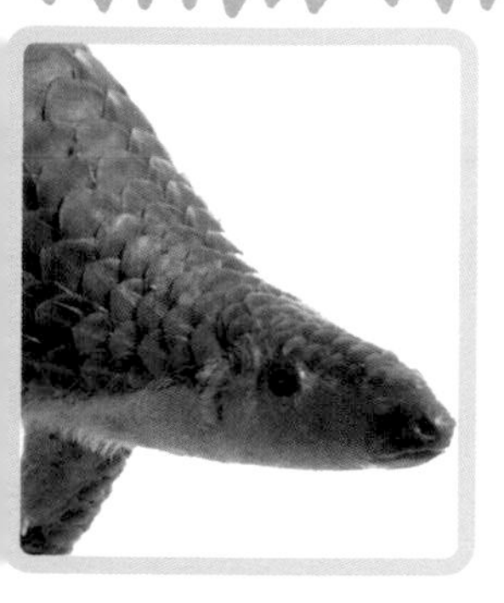

PÁGINA 31

EL PANGOLÍN

Recubre su cuerpo con unas placas que están hechas con el mismo material que nuestras uñas, queratina.

PÁGINA 33

LA MOFETA RAYADA

Es famosa por su apestoso olor, que no se elimina ni con perfume ni con ningún remedio casero.

PÁGINA 34

EL TAPIR

Es un buen nadador que usa su curiosa nariz para buscar plantas acuáticas.

PÁGINA 37

EL ÍBICE

Gracias a sus patas especiales y su sentido del equilibrio, el íbice puede escalar por sitios muy inclinados.

PÁGINA 39

LA LLAMA

La llama es un animal doméstico que proviene de poblaciones salvajes de guanacos.

PÁGINA 41

EL VAMPIRO COMÚN

El vampiro común solo se alimenta de sangre, al igual que los vampiros de fantasía.

PÁGINA 43

EL ÁGUILA REAL

Usa sus potentes garras para atrapar muchos tipos de presas, como las cabras montesas.

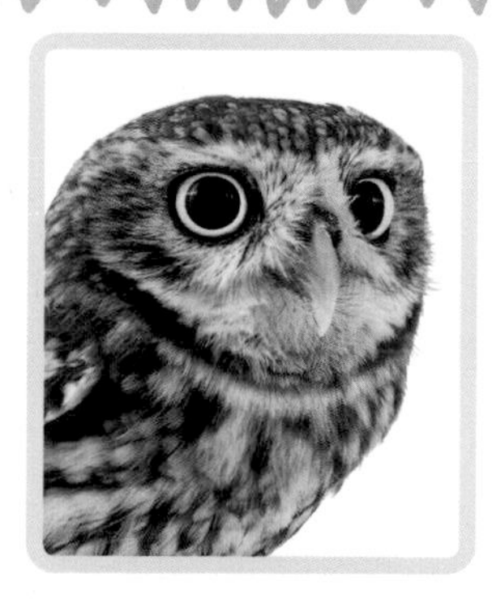

PÁGINA 45

EL MOCHUELO COMÚN

Es uno de los pocos búhos que prefiere buscar sus presas durante el día.

PÁGINA 47

EL PATO CRIOLLO

No es una ave migratoria, ni tampoco viaja grandes distancias para encontrar alimento.

PÁGINA 48

EL PELÍCANO COMÚN

Gracias a su característico pico, el pelícano común puede capturar a varios peces de un solo bocado.

PÁGINA 50

FLAMENCO COMÚN

El flamenco común puede llegar a medir hasta 1,50 m de altura.

PÁGINA 53

EL LORI CARDENAL

Las plumas del lori cardenal son todas rojas, pero tienen distintas tonalidades.

PÁGINA 54

EL FRANCOLÍN

Tanto la hembra como el macho tienen plumas para camuflarse entre la hierba sin usar colores para el cortejo.

PÁGINA 57

EL PERIQUITO COMÚN

Cuando no quedan semillas se acaba el agua, se reúne er grandes grupos para mudars a un bosque o sabana mejor

C/ San Rafael, 4 bis, local 18
28108 Alcobendas (Madrid)
Tel.: (34) 91 657 25 80
e-mail: libsa@libsa.es
www.libsa.es

Colaboración en textos: Ángel Luis León Panal
Diseño y maquetación: Lucía Sanz Martínez
Ilustración y fotos: Archivo LIBSA, Shutterstock images

ISBN: 978-84-662-3970-7

DL: M 34315-2019